LA MORT DU SYMBOLE IMPARFAIT DE LA LIBYE:
L'Assassinat de Mouammar Kadhafi, Le Désarroi du Pays et les Répercussions en Afrique

Janvier Tchouteu

TISI BOOKS

NEW YORK, RALEIGH, LONDON, AMSTERDAM

CONTENTS

REMERCIEMENTS

Les mots spéciaux d'appréciation à Tante Anna Mapajane Chitja qui m'a d'abord fait réfléchir à l'héritage de Kadhafi.

DÉVOUEMENT

Le livre est dédié à tous les dirigeants emblématiques et légendaires dont le but était de servir l'humanité et de faire progresser le bien-être de l'humanité, en particulier ceux qui ont été tués dans leurs missions historiques par les forces perverses de ce monde.

Les Citations

« La liberté de l'homme fait défaut si quelqu'un d'autre contrôle ce dont il a besoin, car le besoin peut entraîner l'asservissement de l'homme par l'homme.»

« Faites savoir aux gens libres du monde que nous aurions pu négocier et vendre notre cause en échange d'une vie personnelle sûre et stable. Nous avons reçu de nombreuses offres à cet effet, mais nous avons choisi d'être à l'avant-garde de la confrontation comme un signe de devoir et d'honneur.»

« «Il doit y avoir une révolution mondiale qui mette fin à toutes les conditions matérialistes empêchant la femme de jouer son rôle naturel dans la vie et la poussant à remplir les devoirs de l'homme afin d'être égales en droits. »

«Une fois qu'un dirigeant devient religieux, il devient impossible pour vous de débattre avec lui. Une fois que quelqu'un règne au nom de la religion, votre vie devient un enfer. »

« Les nations dont le nationalisme est détruit sont sujettes à la ruine.»

« Je n'ai que mépris pour l'idée d'une bombe islamique. Il n'y a pas de bombe islamique ou de bombe chrétienne. Une telle arme est un moyen de terroriser l'humanité et nous sommes contre la fabrication et l'acquisition d'armes nucléaires. Ceci est conforme à notre définition du terrorisme et à notre opposition au terrorisme.»

« Je ne ferai pas partie d'une conspiration pour mobiliser les Arabes contre les Perses. Seules les forces du colonialisme bénéficient d'une telle conspiration. Je ne ferai pas partie d'une conspiration qui divise l'Islam en deux - l'Islam chiite et l'Islam sunnite - mobilisant l'Islam sunnite contre l'Islam chiite.»

« Les temps du nationalisme et de l'unité Arabes ont disparu pour toujours. Ces idées qui ont mobilisé les masses ne sont qu'une monnaie sans valeur. La Libye a dû supporter trop de la part des Arabes pour qui elle a versé du sang et de l'argent.»

Les Cartes

Libye sur une Carte du Monde

Libye sur une Carte du Monde Arabe

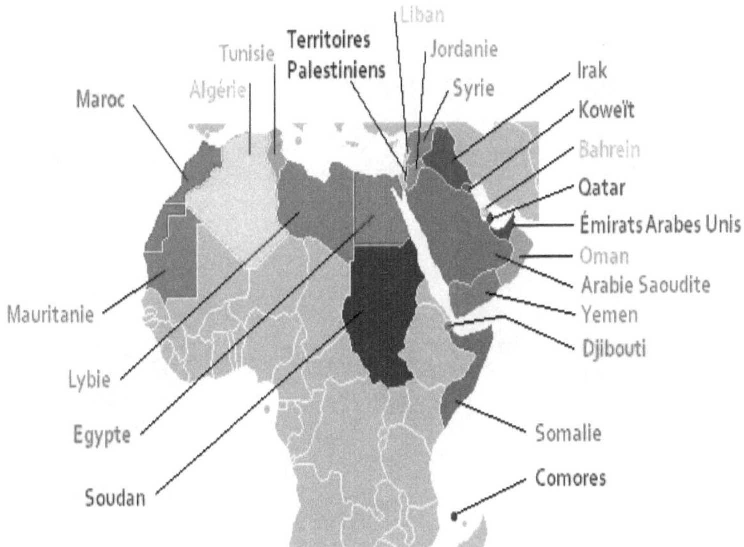

La Libye sur la Carte de l'Afrique

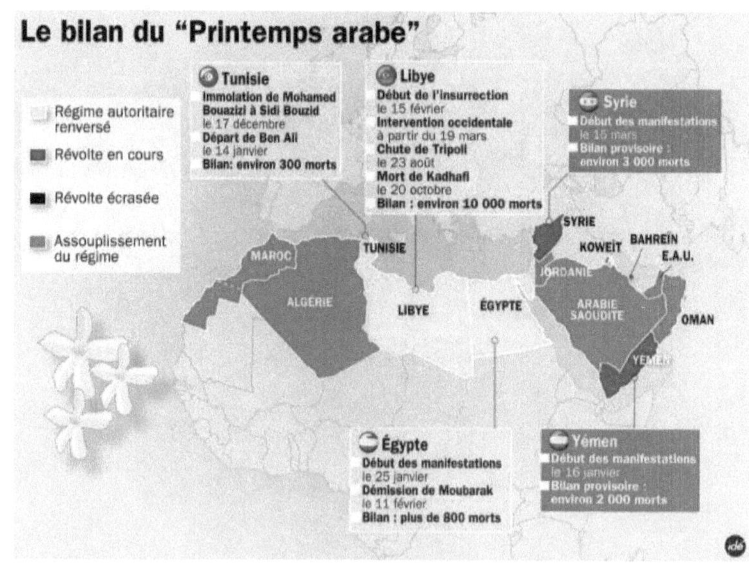

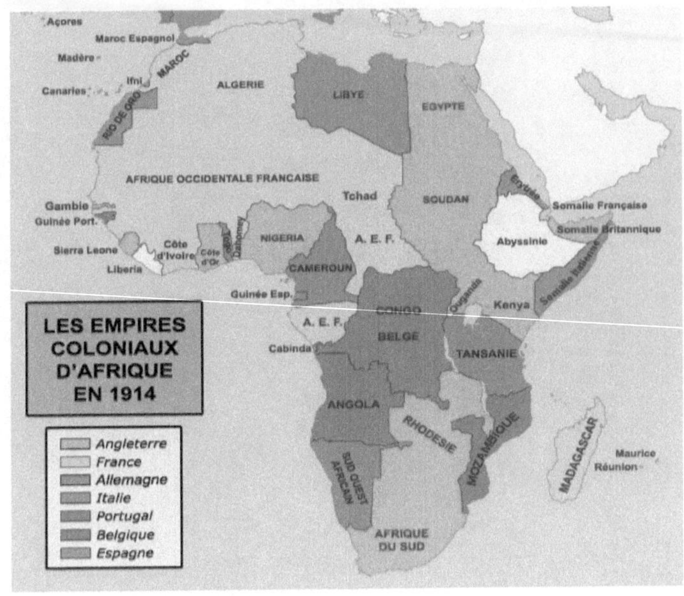

Les Pays d'Afrique

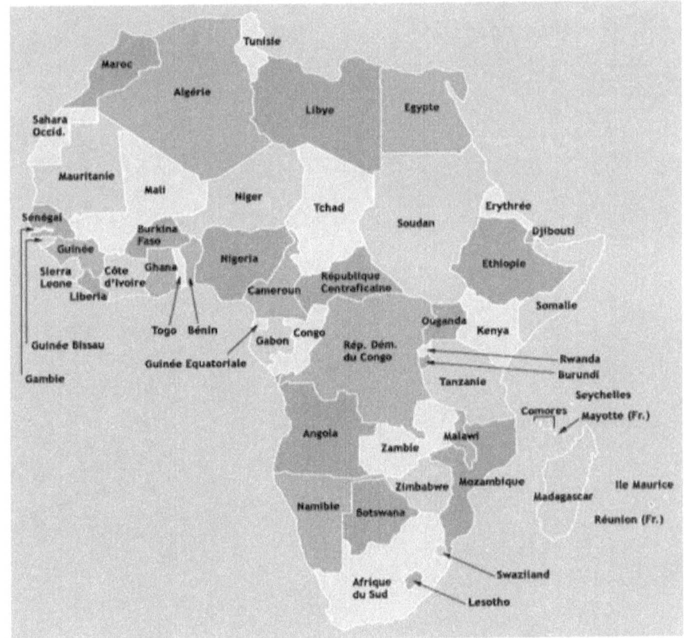

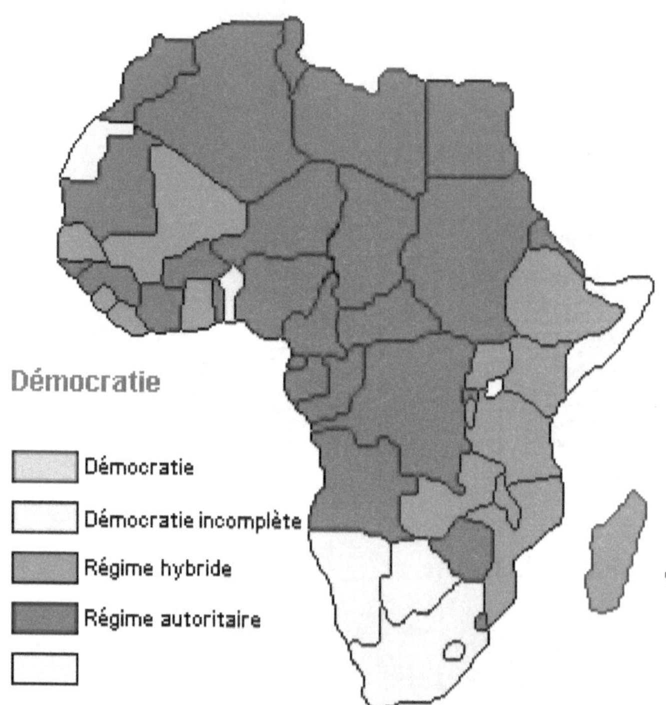

Démocratie
Démocratie
Démocratie incomplète
Régime hybride
Régime autoritaire

INTRODUCTION

Dans ma recherche de la raison pour laquelle certains points géopolitiques existent dans le monde, dans ma curiosité pour comprendre pourquoi certains pays et le monde en général ont connu des changements soudains et dramatiques qui ont conduit à la guerre, à l'instabilité ou à une réorientation de leur Des politiques nationales et étrangères qui ont non seulement affecté ces pays mais aussi influencé certaines régions ou le monde entier, j'ai exploré les assassinats politiques au cours des dizaines de décennies passées qui ont changé notre monde. Par notre monde, je veux dire nos communautés, pays, régions et l'humanité dans son ensemble.

En traitant les différents assassinats qui ont eu lieu au cours des années, j'ai utilisé une approche caractérisée par la sociologie politique, où j'ai analysé succinctement les facteurs historiques et sociaux qui ont conduit non seulement aux assassinats, mais aussi à l'assassinat de ces personnages historiques. Et à partir de ces facteurs, nous sommes présentés avec une idée ou des images de la façon dont la société affectée a évolué depuis le (s) événement (s) traumatique (s).

A partir des contrecoups qui ont suivi l'assassinat de

personnages historiques, légendaires ou iconiques, nous pouvons apprendre quelque chose d'utile et proposer des scénarios ou des attentes en tant que calamités si des leaders particuliers sont assassinés, et agir ainsi en empêchant leurs assassinats.

Chapitre Un

Mouammar Kadhafi

Pour encore un peu de temps, l'histoire de Mouammar Kadhafi continuera de figurer dans les grands discours politiques en Afrique et au Moyen-Orient; et sa vie et surtout sa mort seraient de temps en temps une source de satisfaction, d'irritation, de controverse, de rue, de colère et de dégoût dans le reste du monde.

> *Comment ce personnage divisant qui a dominé la politique Libyenne pendant quatre décennies, qui a soutenu l'unité Arabe puis Africaine, qui a apporté des améliorations significatives à la qualité de vie des Libyens, en faisant cela, a fait l'envie de ses compatriotes dans le reste de l'Afrique, et qui a été salué par certains pour sa position anti-impérialiste; comment s'est-il trouvé isolé, hanté par l'OTAN (Organisation du Traité de l'Atlantique Nord) et finalement tué par les Libyens dans une guerre civile où ses ennemis étrangers combattaient avec les rebelles Libyens? Pourquoi était-il fortement opposé par les fondamentalistes Islamiques, condamné par les puissances occidentales comme un dictateur qui a violé les droits humains de son peuple et qui a financé le terrorisme mondial, et pourquoi était-il tenu à distance par ceux avec qui il voulait travailler?*

Nous pouvons trouver quelques-unes des réponses du compte ci-dessous.

Chapitre Deux

Le controversé Mouammar al-Kadhafi qui était le chef d'Etat de longue date de l'Afrique jusqu'à son éviction et sa mort le 20 Octobre 2011, est né le 7 Juin 1942 d'une famille tribale appelée al-Qadhafah dans la commune côtière centrale de Syrte, qui est situé dans le centre de la Libye. C'était à une époque où la Libye était une colonie Italienne. Quand, en 1951, la Libye obtint son indépendance comme le Royaume-Uni de Libye — une monarchie constitutionnelle et héréditaire sous le Roi allié de l'Ouest Idris, Kadhafi savait à peine ce qui se passait autour de lui. Cependant, le mouvement nationaliste Arabe l'influencerait beaucoup en tant qu'un jeune homme, et il admirerait le chef de ce mouvement, l'homme fort Égyptien Gamal Abdel Nasser, au point où il a décidé de devenir un soldat comme son héros Égyptien, un rêve qu'il a accompli en entrant le collège militaire dans la ville de Benghazi, dans l'est de la Libye, en 1961. Il finira par passer quatre mois d'entraînement militaire au Royaume-Uni.

En Libye, Kadhafi a progressivement gravi les échelons de l'armée, en tant que l'exploitation du pétrole a apporté des richesses au pays. Cependant, la désaffection a augmenté sur la concentration accrue de la richesse de la nation entre les mains du Roi Idris. C'est à cette époque que le talentueux et charismatique Kadhafi s'est impliqué dans un mouvement de jeunes officiers qui étaient déterminés à renverser le roi. Il finirait par s'élever au pouvoir dans le groupe à la position de leadership. Le 1er Septembre 1969, alors que le Rois Idris se trouvait à l'étranger en Turquie pour y recevoir des soins médicaux, le groupe a renversé le monarque Libyen. Ils ont nommé Kadhafi comme Le commandant en chef des forces armées et président du Conseil de Commandement Révolutionnaire - un nouvel organe dirigeant de la Libye. Il avait vingt-sept ans à l'époque.

L'une des premières mesures prises par les nouvelles autorités pour renforcer leur autorité sur le pays d'Afrique du Nord était de fermer immédiatement les bases militaires Américaines et Britanniques en Libye et de demander énergiquement à leurs compagnies pétrolières étrangères de partager avec la Libye une plus grande proportion des revenus générés par le pétrole qu'ils exploitaient en Libye. Au cours de cette même année, ils ont interdit la vente d'alcool et remplacé le calendrier grégorien par le calendrier islamique. Une tentative de coup d'Etat manquée par ses collègues officiers en Décembre 1969 obligerait Kadhafi à mettre en place des lois criminalisant la dissidence politique. Il expulsera les derniers Italiens de la Libye en 1970 et soulignera ce qu'il a considère comme une bataille entre le nationalisme Arabe et l'impérialisme occidental. Cela le verrait également s'opposer vocalement au sionisme et à Israël. Cela aboutirait à l'expulsion de la communauté Juive du pays. Alors que les relations avec l'Occident se détérioraient de plus en plus, le cercle intime de personnes de confiance de Kadhafi devint de plus en plus petit. Ce contrôle et cette suspicion grandissants conduiraient à l'émergence d'un état policier dont les agents de renseignement seraient assez audacieux pour s'attaquer même aux Libyens vivant en exil qu'ils jugeaient travailler avec les ennemis de l'État Libyen.

Les premières années du régime de Kadhafi l'ont vu faire de vigoureuses tentatives pour orienter la Libye de l'Occident vers le Moyen-Orient et l'Afrique. Cependant, la Libye entrerait dans un conflit militaire avec l'Egypte et le Soudan après qu'ils se sont réorientés vers l'Occident après la signature de l'accord de paix Israélo-égyptien entre le successeur de Gamal Abdel Nasser (Anouar Sadate) et le Premier ministre Israélien Menahem Begin, qui était de la droite dans la politique Israélienne. La Libye serait même impliquée dans la guerre civile sanglante au Tchad contre la faction pro-Française dans le conflit.

Chapitre Trois

Quand, dans les années 1970, Kadhafi a publié le premier volume du Livre Vert, un ouvrage en trois volumes décrivant les problèmes de la démocratie libérale et du capitalisme et visant à promouvoir sa politique comme remède, il a causé beaucoup de gens à lever ses sourcils parce que ses adversaires ont vu l'action comme étant plus que sa tentative d'expliquer sa philosophie politique. Son affirmation selon laquelle leur nouvelle Libye se vantait de comités populaires et de propriété partagée, a suscité des inquiétudes dans plusieurs milieux, même si les idées contenues dans le livre n'étaient pas reflétées sur le terrain en Libye, comme il le prétendait.

Même si le sort du Libyen moyen sous son règne est devenu meilleur au point de devenir le meilleur en Afrique, les ennemis étrangers de Kadhafi ne sont pas les seuls à avoir remarqué une dose d'excentricité dans son style de gouvernement. Le fait qu'il avait un groupe de gardes du corps féminins dans les talons, même si la Libye était un pays Musulman situé dans une région où les questions des droits des femmes étaient encore dans les remous; le fait qu'il se considérait comme le Roi de l'Afrique après que certains dirigeants Africains eurent apprécié son élan pour une Union Africaine et lui décernèrent ainsi le titre; le fait qu'il était connu pour ériger une tente pour rester dans quand il voyageait à l'étranger; le fait qu'il portait des tenues qui, bien que reconnaissables dans plusieurs régions d'Afrique, ne correspondaient pas à la norme diplomatique; le fait qu'il n'était pas politiquement correct et parlait souvent dans un monde où la plupart des dirigeants préféraient garder les choses sous le radar; et le fait qu'il ne laisserait pas la Libye devenir le vassal d'aucune des grandes puissances, lui a fait un canon lâche dans beaucoup de cercles de pouvoir au monde.

De gauche à droite: Kadhafi, Yasser Arafat de l'Organisation de Libération de la Palestine, l'Egyptien Abdel Nasser et le Roi de Jordanie Hussein bin Talal (1970)

Ronald Reagan, le quarantième (40emme) président des États-Unis d'Amérique, qualifierait Kadhafi comme 1 «Le Chien Enragé du Moyen-Orient» après avoir conclu que le chef d'état Libyen était non seulement impitoyable en écrasant la dissidence contre son régime autocratique en Libye alors que ses agents ont traqué et tué ses adversaires à l'étranger, son gouvernement était également impliqué dans le financement de nombreux des groupes anti-occidentaux dans le monde, y compris des groupes terroristes comme le Baader Meinhof d'Allemagne, La Brigade Rouge Japonaise, le Parti Républicain Irlandais et les nombreux groupes Palestiniens qui se battent contre Israël. Le fait qu'il soutenait aussi des mouvements de libération en Afrique comme le Congrès National Africain (ANC) dans sa campagne contre l'Apartheid en Afrique du Sud, le MPLA contre le maître colonial Portugais en Angola, le FRELIMO contre la domination coloniale Portugaise au Mozambique, SWAPO contre la domination coloniale Sud-Africaine en Namibie, et POLISARIO contre l'occupation Marocaine de Sahara occidental; et le fait qu'il a financé des coups d'Etat contre des chefs d'Etat Africains, que il considérait comme les marionnettes des puissances occidentales faisaient de lui un irritant dans le monde des «nations civilisées".

À la suite d'un attentat à la bombe en Allemagne contre un club de danse de Berlin-Ouest qui a fait trois morts et des dizaines de blessés, les États-Unis d'Amérique a accusé la Libye de l'attentat terroriste et président Ronald Reagan, le président des États-Unis a ordonné l'attentat à la bombe contre des cibles spécifiques en Libye, y compris la résidence de Kadhafi dans la capitale Libyenne de Tripoli. Dans la campagne, les États-Unis a perdu un avion qui a été abattu, entraînant la mort de deux de ses membres d'équipage. Kadhafi n'a pas été tué dans la campagne militaire, mais la Libye a perdu 45 soldats et fonctionnaires et 15 à 30 civils, dont était une jeune fille que Kadhafi a revendiquée était sa fille adoptive appelée Hanna. En outre, des dizaines de matériels militaires du pays Nord-Africain ont été détruits.

La Libye a été accusée d'avoir perpétré l'attentat de Lockerbie en 1988 lorsqu'un avion transportant 259 personnes a explosé près de Lockerbie, en Écosse, tuant tous les passagers à bord. La chute des débris qui en résulterait tuerait 11 civils de plus sur le terrain. Les Nations Unies ont mis la Libye sous sanctions au motif qu'elle était impliquée dans l'attentat. Mais ce n'était pas tout. Plusieurs Libyens, dont un Kadhafi, étaient également soupçonnés d'être à l'origine de l'explosion du biréacteur à réaction Français UTA Flight 772 en 1989, tuant les 170 passagers à bord de l'avion, y compris l'ambassadeur des États-Unis au Tchad.

Il y a une école de pensée que le rapprochement entre la Libye et l'Occident qui a commencé dans les années 1990 était d'une forte poussée des fils de Kadhafi qui étaient orienté aux pays occidentaux dans leurs vues. Cependant, le dégel de la relation entre Kadhafi et l'Occident se produisait à une époque de menace croissante des islamistes qui s'opposaient à son règne. Il a commencé à partager des informations avec les services de renseignement Britanniques et Américains pour contenir et neutraliser ce fondamentalisme islamique grandissant.

Ainsi, en 1994, le nouveau président Sud-Africain Nelson Mandela (il avait passé 27 ans dans la prison de gouvernement apartheid Sud-Africain avant sa libération en 1990 qui a entamé le processus pacifique de démantèlement de l'apartheid) a persuadé le leader Libyen de livrer les ressortissants Libyens soupçonnés pour comploter l'attentat de Lockerbie, les gens n'auraient pas dû être surpris quand Kadhafi a accédé. Il a fait confiance à Nelson Mandela, qui s'est avéré être le seul dirigeant étranger à se rendre une visite en Libye lors de l'embargo sur le pays et des années d'interdiction de vol. Cela a marqué le début du rétablissement des relations avec l'Occident sur plusieurs fronts qui semblaient annoncer une nouvelle ère dans les relations entre la Libye et l'Occident. En fait, c'est au cours des années 1990 que Kadhafi a renoncé à soutenir les différents mouvements Pan-Arabe et Africains, en particulier les groupes Palestiniens. Au lieu de cela, il s'est concentré sur la levée des sanctions contre la Libye. Certains disent qu'il a abandonné les Palestiniens après que l'OLP de Yasser Arafat a omis de l'informer des négociations secrètes qu'ils menaient avec les Israéliens qui ont mené à la signature des Accords d'Oslo I du 13 Septembre 1993 sur la conclusion d'un accord de paix entre Israël et Palestiniens. Son statut de paria à l'époque provenait principalement des actions de la Libye en faveur des Palestiniens.

Chapitre Quatre

Les attentats terroristes du 11 Septembre 2001 aux États-Unis modifieraient le paysage géostratégique du monde, surtout lorsque George W. Bush, le 43e président des États-Unis d'Amérique a déclaré: «Soit vous êtes avec nous, ou soit vous êtes contre nous". C'a été chuchoté dans les hautes cercles du pouvoir peu après les attentats que les Etats-Unis avaient l'intention de faire tomber les régimes dans les pays que George Bush accusait d'être «l'Axe du Mal", comprenant l'Iran, l'Irak, la Corée du Nord, le Cuba, la Libye, le Soudan et la Syrie.

Ainsi, quand la Libye a résolu pacifiquement avec les Etats-Unis en Décembre 2003 d'éliminer son programme d'armes de destruction massive, y compris un programme d'armement nucléaire vieux de plusieurs décennies, beaucoup de gens ont douté l'affirmation du chef d'Etat Libyen qu'il a abandonné le programme parce qu'il ne voulait pas que ces armes tomber entre les mains des terroristes. Ils ont plutôt soutenu que Kadhafi s'est débarrassé de son programme d'armes de destruction massive parce qu'il a succombé aux menaces des Américains.

Beaucoup de critiques de Kadhafi n'étaient pas heureux que l'homme fort Libyen soit accueilli dans les capitales occidentales. Lorsque le premier ministre Italien Silvio Berlusconi se vanta publiquement d'être parmi les amis de Kadhafi, de nombreux critiques du chef d'état Libyen se demandaient si la nouvelle amitié de Kadhafi et de l'Occident ne reposait pas sur le commerce et l'accès au pétrole Libyen. Pendant des années, les fils de Kadhafi, et plus particulièrement son fils et héritier présomptif, Seif al-Islam Kadhafi, se mêlèrent librement à la haute société londonienne et à d'autres sociétés élevées dans plusieurs régions d'Europe et d'Amérique. Comme pour récompenser la Libye et son homme fort de «changer leurs habitudes», l'Organisation des Nations Unies (L'ONU) a assoupli les sanctions contre la Libye en 2001, ce qui a facilité la tâche aux compagnies pétrolières étrangères de conclure de nouveaux contrats lucratifs pour opérer librement dans le pays. Le résultat a été non seulement une injection massive de capitaux en Libye, mais aussi une amélioration du niveau de vie, plus de liberté dans le pays et une plus grande exposition au monde extérieur.

Lorsque certains pays et dirigeants Arabe s ont accusé Kadhafi de donner à Israël un avantage stratégique plus important dans la région en désarmant, en donnant crédit à la doctrine Américaine de la guerre préventive et en refusant d'obtenir des garanties de sécurité pour la Libye et le monde Arabe , le gouvernement Libyen et ses supporters ont répondu qu'en renonçant son programme d'armement nucléaire, la nouvelle réalité a permis à la Libye de revenir au sein de la communauté internationale des nations, d'obtenir un siège temporaire du Conseil de sécurité des Nations Unies et d'économiser de l'argent en investissant dans le peuple Libyen et dans le développement du pays.

De nombreux partisans de Kadhafi, notamment en Afrique, soutiennent que Kadhafi a mobilisé la résurgence économique de la Libye en capital politique sur le continent et qu'il a commencé à promouvoir la création rapide d'une Union Economique Africaine qui devait venir à l'existence avec une monnaie soutenue par l'or pour être appelé le Dinar, un résultat qui aurait effectivement réduit le rôle dominateur néo-colonialiste de la France en Afrique Francophone. Ce plan de jeu rendit Kadhafi intolérablement aux yeux de la France et de ses autres alliés occidentaux. Cependant, ses détracteurs pensent que sa domination dictatoriale, son obstination et son incapacité à s'adapter à la clameur pour la démocratie et la liberté ont déclenché la protestation contre son règne, une demande de changement fondamental du système qui a dégénéré en soulèvement, puis en guerre civile.

Chapitre Cinq

Kadhafi a d'abord pensé que le printemps Arabe qui a commencé en Tunisie en Janvier 2011, s'est étendu à l'Egypte le mois suivant, et qui a abouti à l'éviction de Zine El-Abidine Ben Ali et Hosni Moubarak de Tunisie et d'Egypte respectivement, contourneraient la Libye. Mais ce n'était pas le cas. Il avait été au pouvoir pendant quatre décennies et ne pouvait pas être insensible à l'opposition. Les changements politiques dans les pays voisins de l'Est et de l'Ouest Libyens ont stimulé le moral des citoyens des différents pays Arabe s pour protester. En Libye, des manifestations ont éclaté dans la ville orientale de Benghazi, qui est connue pour son opposition à Tripoli, et se sont répandues dans toute la Libye, malgré les mesures de carotte et de bâton utilisées par le régime de Kadhafi pour enrayer la situation.

Les premières mesures indécises de Kadhafi ont encouragé les manifestants et l'impasse a rapidement dégénéré en un soulèvement armé. Ses détracteurs l'ont accusé d'avoir aggravé la situation, d'avoir mené une répression sanglante et d'avoir utilisé des mercenaires étrangers. Kadhafi a pour son part affirmé que les manifestants étaient des traîtres, des étrangers, des adeptes d'Al-Qaïda et des toxicomanes. Il a exhorté ses partisans à continuer la lutte contre la nouvelle résistance. À la fin de Février 2011, les rebelles avaient formé un organe directeur appelé le Conseil National de Transition (CNT). A la fin Mars, une coalition de l'OTAN dirigée par la France a commencé à soutenir les forces rebelles sous la forme de frappes aériennes et d'un Zone d'Exclusion Aérienne (No-Fly Zone), avec un soutien logistique fourni par les Etats-Unis. L'intervention militaire de l'OTAN au cours des six prochains mois détruirait l'armée de l'air Libyenne et décimerait les forces armées du pays, si bien que la plupart de ceux qui combattaient pour Kadhafi finissaient par n'avoir aucun lien avec l'armée régulière. Les attaques de l'OTAN se sont révélées décisives lorsqu'une ville Libyenne, après l'autre, est tombée entre les mains des rebelles et qu'une frappe aérienne a tué l'un des fils de Kadhafi en Avril de la même année.

Quand en Juin 2011, la Cour Pénale Internationale a émis des mandats pour l'arrestation de Kadhafi, de son fils Seif al-Islam et de son beau-frère pour crimes contre l'humanité, le monde a compris que les pouvoirs en place avaient désavoué Kadhafi et qu'il n'y avait pas d'avenir pour son régime. Lorsque plus de 30 pays ont reconnu le CNT comme le gouvernement légitime de la Libye le mois suivant, c'est devenu clair que Kadhafi avait perdu la guerre civile. Tripoli, la capitale, est tombée aux mains des forces rebelles à la fin du mois d'Août, provoquant la fin symbolique du régime de Kadhafi alors qu'il se retirait à Syrte, sa ville natale, même si la plupart de ses ennemis ne pouvaient pas dire où il était. Il avait essentiellement perdu le contrôle de la Libye, mais on ne savait pas où il se trouvait.

Ainsi, quand le 20 Octobre 2011, le monde a appris que Mouammar Kadhafi était mort près de sa ville natale de Syrte, en Libye, après une attaque aérienne de l'OTAN contre son convoi qui l'a forcé à se cache, où il a été découvert peu après par les combattants rebelles qui ont procédé à le tuer, beaucoup de gens ont trouvé la nouvelle inquiétante. Cependant, des vidéos ont montré que le corps ensanglanté de Kadhafi était traîné par des combattants rebelles, et que son cadavre était exposé. Autres vidéos ont aussi montre les derniers moments de vie de son autre fils Mutassim Kadhafi, et plus tard du corps sans vie de Mutassim après avoir été exécuté.

Alors que les nouvelles de la mort de Kadhafi se propageaient, poussant de nombreux Libyens à dévaler les rues pour célébrer ce que beaucoup considéraient comme le point culminant de leur révolution et le début d'un nouveau chapitre de leur histoire, d'autres y voyaient le mort de Kadhafi comme preuve que les anciennes puissances coloniales qui n'avaient pas les intérêts du peuple Libyen dans leurs âmes avaient réussi à vaincre un rempart majeur à leurs plans sur l'exploitation étrangère continue et le contrôle de la Libye et de l'Afrique. Ce sentiment était profondément ressenti au Moyen-Orient, et plus particulièrement en Afrique où les nouvelles avaient atteint beaucoup des gens que Kadhafi avait caché l'or et l'argent évalué à plus de 7 milliards de dollars, qu'il avait l'intention d'utiliser pour établir une monnaie pan-Africaine basée sur le Dinar doré Libyen, une monnaie qui aurait fourni aux pays d'Afrique Francophone une monnaie alternative au Franc Français (CFA), considéré dans de nombreux cercles comme l'un des instruments de l'exploitation Française et de l'étranglement de ses anciennes colonies et territoires en Afrique.

Carte Ethnique et Tribale de la Libye

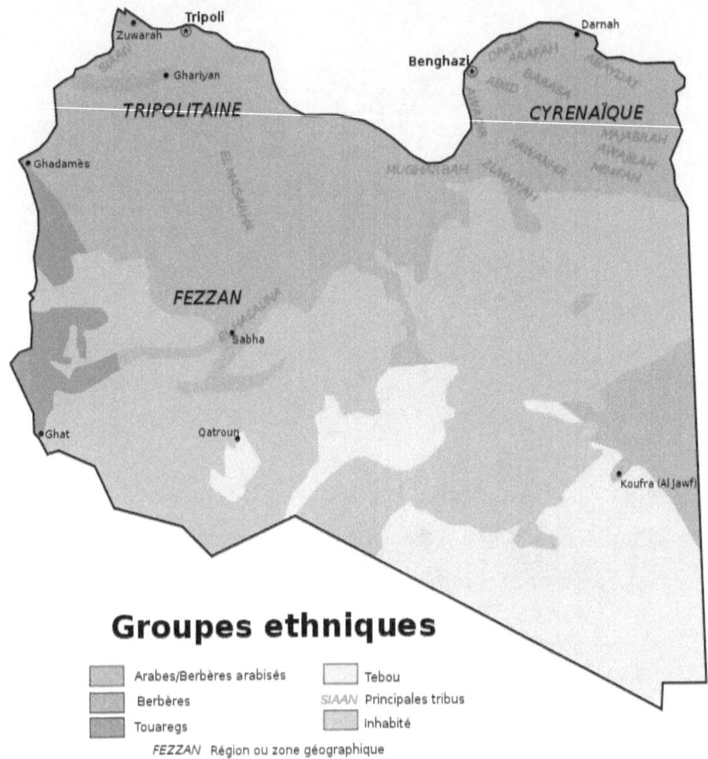

Carte de la Division de la Libye Aujourd'hui

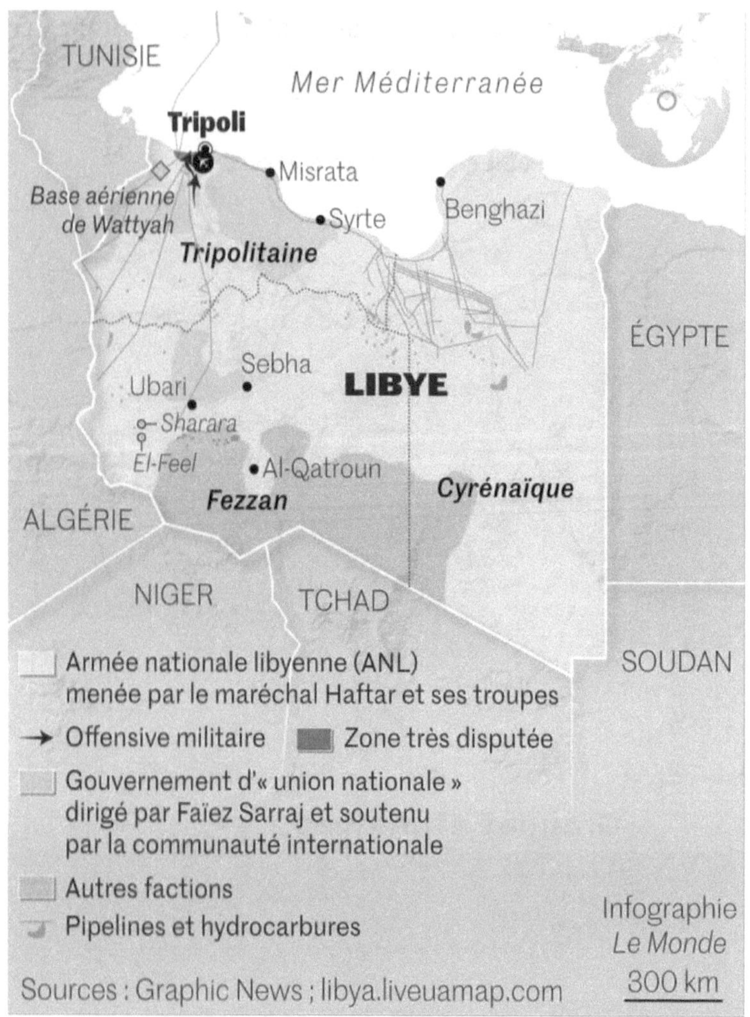

Les médias (en particulier au Moyen-Orient) ont spéculé que le renversement et le meurtre de Kadhafi rendraient l'Iran, la Corée du Nord et peut-être d'autres pays plus réticents à abandonner leurs programmes nucléaires et / ou leurs armes nucléaires en raison du risque d'être affaibli / ou d'être double-croisé après. Beaucoup des gens en Afrique ont accusé les grandes puissances de doubles standards, se demandant pourquoi les puissances occidentales ont côtoyé des dictateurs comme Paul Biya du Cameroun (au pouvoir depuis 1982), les Bongos (Omar, du 2 Décembre, 1967 — 8 Juin, 2009, et maintenant son fils Ali depuis le 16 Octobre, 2009), les Eyademas (Gnassingbé, du 14 Avril 1967—le 5 Février, 2005, et son fils Faure Essozimna depuis le 04 Mai, 2005), et autres dictateurs qui appauvrissent leur peuple, sont détestés par les gens ordinaires du monde. Pourtant, ces grandes puissances permettent à ces dictateurs qui sont aussi connus pour rigoureusement et de manière flagrante truquer les élections de rester au pouvoir—un sacrilège à la démocratie comme nous voyons ces marionnettistes fermant leurs yeux ou donnant leurs bénédictions aux marionnettes.

Alors que la Libye post-Kadhafi continue d'être mêlée à la violence six ans après sa mort; alors que les islamistes armés rendent le pays ingouvernable; alors que les seigneurs de la guerre et les milices armées créent une situation qui fait de la Libye un ensemble de fiefs; Alors que deux gouvernements rivaux règnent dans le pays, beaucoup de gens se demandent si la Libye serait capable de mettre en place un système opérationnel de sitôt, un nouveau système qui fonctionne mieux que la règne controversé du Mouammar Kadhafi. Il était un grand méchant, avide de pouvoir, impitoyable mais aussi patriotique. Tout le monde peut voir qu'il n'a pas laissé derrière lui un héritage pacifique qui pourrait être imité par les générations futures, un échec qui permet aux forces étrangères qu'il avait ardemment voulu garder hors de Libye de façonner librement ou d'empêcher la configuration de l'avenir du pays.

L'effet d'entraînement de la guerre civile Libyenne s'est répandu en Afrique du Nord et de l'Ouest, alors que des milliers de combattants, principalement des Touaregs du Mali et du Niger qui soutenaient Kadhafi ou le CNT pendant le conflit, sont rentrés dans leur pays avec un large éventail d'armes et de munitions, déclenchant une série de conflits civils au Niger, au Mali, en Algérie, au Nigeria, au Cameroun, au Tchad et en République CentrAfricaine. Aujourd'hui, il y a peu de clameurs pour une Union Economique Africaine car aucun autre chef d'Etat Africain n'a pris la tête de l'effort après la mort de Kadhafi, laissant le continent comme la dernière frontière dans une nouvelle quête par les puissances industrielles du monde de sécuriser rapidement les ressources en diminution.

Indice de Démocratie: l'Afrique et le Monde

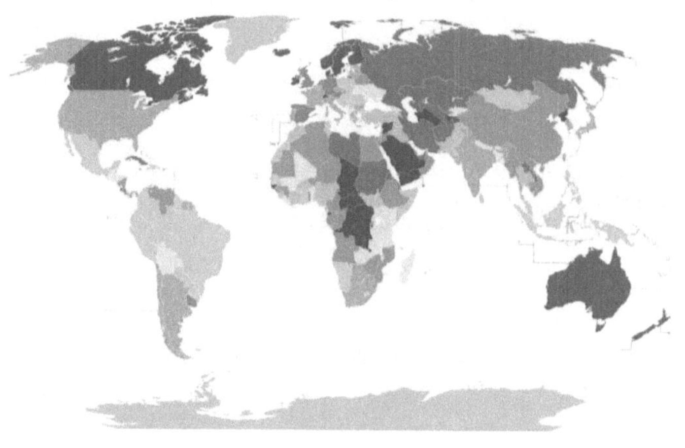

Démocraties Complètes 9.01–10 8.01–9
Démocraties Imparfaites 7.01–8 6.01–7
Régimes Hybrides 5.01–6 4.01–5
Régimes Autoritaires 3.01–4 2.01–3 0–2

Les Pays D'Afrique

Les Titres Non-Fiction par Janvier Chando

ICÔNES ET SCÉLÉRATS: Les Assassinats Politiques Récents qui ont Transformé les Pays…
LES HÉROS FALLES: Les Dirigeants Africains dont les Assassinat sont Désorganisé…
CAMEROUN: Le Système de Marionnettes Dysfonctionnel de la France…
UKRAINE: Le Bras de Fer entre la Russie et l'Occident
LE CAMEROUN: Le Cœur Hanté de l'Afrique

Les Titres Fiction par Janvier Chando

The Usurper: et Autres Histoires
Agent Triple, Double Croix
Les Disciples de Fortune
L'Union Moujik
Le Flash du Soleil
L'Appel de Fortune
Le Maître de Fortune
Les enfants de Fortune
La Fille sur le Sentier
La Légende du Feu et de la Glace
La Plus Douce Folie
Les Grand-mères
L'Incendie de la Faim
Moi avant Eux
Le Père et les Fils
Les Médecins
Les Teintes Sombres
Liens Fatidique
Le Verdict de l'Hadès
Le Procès de Sa Majesté
La Folie de Ngoko
L'Usurpateur
Le Dot
Je suis Détesté
Le Lourdaud

Les Nouveaux Titres de Janvier Chando

Le Faucon Blanc
Les Amis Mortels
Les Ours de Norilsk
La Dérive à la Maison

www.ingramcontent.com/pod-product-compliance
Lightning Source LLC
Chambersburg PA
CBHW031435250726
48656CB00002B/1006